まいにち ウォッチャーズ

JN126736

小学校入試 段階別ドリル

応用編 Lv.2
難易度 ★★★★★

日本学習図書 ニチガク

はじめに

　本書は弊社の人気シリーズ「小学受験　入試カレンダー問題集」の趣旨を引き継ぐ問題集です。

　本シリーズは、お子さまの学力の伸長にあわせた段階別の編集になっています。数量・図形・記憶などのペーパーテストに出題される分野だけでなく、巧緻性の分野もカバーした、総合的なものとなっています。弊社の「ジュニアウォッチャー」「NEWウォッチャーズ」など、これまでの分野別にまとめられた問題集とは違う特徴のある内容ですから、お子さまの学力を段階的につけることができます。

　この本（「まいにちウォッチャーズ　小学校入試 段階別ドリル応用編②」）は、おもに5～6歳児、ある程度学習積んだお子さまを対象とした内容となっています。ご家庭での学習の際には、保護者の方が問題の終わりにあるアドバイスを読んで、問題の解き方を理解し、お子さまが何度も繰り返し解き直してください。学力の強化とともに、規則正しい学習習慣が身近なものになります。この本の使い方としては、毎日少しずつ練習し、1度できた問題でも何度も復習することが理想です。繰り返し練習の過程で、お子さまが答えを覚えてしまう場合もありますが、そのような時は、4ページの一覧表を参考にして弊社の分野別問題集から最適な一冊を選んでいただき、さらなる実力アップを目指してください。

　末筆になりますが、本書が小学校受験でよい結果を得る一助となることを願っています。

日本学習図書株式会社　編集部

「まいにちウォッチャーズ　小学校入試 段階別ドリル」シリーズ

タイトル		問題の難易度	詳　細
導入編	Lv. 1	☆☆	学習のはじめの一歩となる基礎学習。1から5までの数など。
	Lv. 2	☆☆〜☆☆☆	ハサミなどの道具の使い方や、言葉では同頭音語など、範囲を広げた基礎学習。
	Lv. 3	☆☆〜☆☆☆	3〜5までの数など、導入編では比較的難しい問題も収録。
	Lv. 4	☆☆☆	季節の知識、複合問題など、導入編の学習のおさらい。
練習編	Lv. 1	☆☆☆	導入編よりも複雑で、知識と思考力を必要とする問題を収録。
	Lv. 2	☆☆☆〜☆☆☆☆	シーソー（推理）、図形の構成（図形）など、実際の試験によく出る問題の基礎学習。
	Lv. 3	☆☆☆〜☆☆☆☆	生物の成長、マナー（常識）、ブラックボックス（推理）など、応用力が必要な問題演習。
	Lv. 4	☆☆☆☆	実際の入試を想定した、練習編のおさらい。
実践編	Lv. 1	☆☆☆☆	数量の聞き取り、お話の順序など、聞く力を中心に学習します。
	Lv. 2	☆☆☆☆〜☆☆☆☆☆	これまでより少し難しい問題で、初見の問題にも対応できる思考力を身に付けます。
	Lv. 3	☆☆☆☆〜☆☆☆☆☆	図形・数量・記憶・常識分野の問題を中心に、解答方法が複雑な問題に対応する力、難しい問題を正確かつ時間内に答える力を身に付けます。
	Lv. 4	☆☆☆☆☆	重ね図形、ひも結びなど入試によく出る問題と、実践編のおさらい。
応用編	Lv.1	☆☆☆☆☆	要素の多い複合問題と応用力を必要とする問題で、実力をさらに強化します。
	Lv. 2	☆☆☆☆☆	Lv. 1よりも、さらに複雑で応用力の必要な問題を掲載。思考力を伸ばします。
	Lv. 3	☆☆☆☆☆	ケアレスミスや思い込みによる失敗をしないための課題演習。
	Lv. 4	☆☆☆☆☆	1レベル上の総合問題と発展問題。応用編の総まとめ。

※この表を参考にして、お子さまの学力にあわせた問題集をお選びください。

☆実力アップのための　オススメ問題集☆

・問題に取り組む中で、苦手な分野がわかったら、その分野の類似問題に取り組み、苦手をなくしましょう。
・弊社発行の「Ｊｒ・ウォッチャー」シリーズは、小学校入試で出題頻度の高い分野を細分化した問題集です。
　基礎を徹底して学べるだけでなく、苦手分野を克服するための学習にも最適です。

分野	問題	オススメ問題集
図形	問題4・13	Ｊｒ・ウォッチャー2「座標」
	問題5	Ｊｒ・ウォッチャー4「同図形探し」
	問題7	Ｊｒ・ウォッチャー8「対称」
	問題6・8	Ｊｒ・ウォッチャー46「回転図形」
	問題7・8	Ｊｒ・ウォッチャー48「鏡図形」
数量	問題1・2・3・29	Ｊｒ・ウォッチャー14「数える」
	問題1	Ｊｒ・ウォッチャー37「選んで数える」
	問題1	Ｊｒ・ウォッチャー38「たし算・ひき算1」、39「たし算・ひき算2」
	問題2	Ｊｒ・ウォッチャー40「数を分ける」
巧緻性	問題13・14・28・32	Ｊｒ・ウォッチャー23「切る・貼る・塗る」
	問題29	Ｊｒ・ウォッチャー51「運筆①」、52「運筆②」

分野	問題	オススメ問題集
記憶	問題26・27・31・32	Ｊｒ・ウォッチャー19「お話の記憶」
	問題24・25・30	Ｊｒ・ウォッチャー20「見る記憶・聴く記憶」
常識	問題16	Ｊｒ・ウォッチャー12「日常生活」
	問題17・19・28	Ｊｒ・ウォッチャー27「理科」、55「理科②」
	問題15	Ｊｒ・ウォッチャー34「季節」
	問題16・18	Ｊｒ・ウォッチャー56「マナーとルール」
言語	問題22・23	Ｊｒ・ウォッチャー17「言葉の音遊び」、60「言葉の音（おん）」
	問題20・21	Ｊｒ・ウォッチャー21「お話作り」
	問題22	Ｊｒ・ウォッチャー49「しりとり」
推理	問題12	Ｊｒ・ウォッチャー6「系列」
	問題11	Ｊｒ・ウォッチャー7「迷路」
	問題10	Ｊｒ・ウォッチャー15「比較」、58「比較②」
	問題9	Ｊｒ・ウォッチャー33「シーソー」

※オススメ問題集の分野は、内容によっては問題の出題分野と一致しないことがあります。

※書籍の詳細・ご注文は、弊社ＨＰ（https://www.nichigaku.jp/）まで。

☆繰り返し練習の記録☆

・正解、不正解にかかわらず、同じ問題を2度3度繰り返して解くことで、実力がアップします。

・解いた日とその結果を記録して、効率のよい復習をしましょう。

・2回目は1～3日以内に、3回目は2週間後ぐらいに繰り返すと効果的です。

・結果の記入例：◎（よくできました）、○（できました）、△（もう少しがんばろう）

問題番号	分野	1回目 日にち	1回目 結果	2回目 日にち	2回目 結果	3回目 日にち	3回目 結果
問題1	複合	/		/		/	
問題2	数量	/		/		/	
問題3	複合	/		/		/	
問題4	図形	/		/		/	
問題5	図形	/		/		/	
問題6	図形	/		/		/	
問題7	図形	/		/		/	
問題8	複合	/		/		/	
問題9	推理	/		/		/	
問題10	推理	/		/		/	
問題11	推理	/		/		/	
問題12	推理	/		/		/	
問題13	複合	/		/		/	
問題14	制作	/		/		/	
問題15	常識	/		/		/	
問題16	常識	/		/		/	

問題番号	分野	1回目 日にち	1回目 結果	2回目 日にち	2回目 結果	3回目 日にち	3回目 結果
問題17	常識	/		/		/	
問題18	常識	/		/		/	
問題19	常識	/		/		/	
問題20	言語	/		/		/	
問題21	言語	/		/		/	
問題22	言語	/		/		/	
問題23	言語	/		/		/	
問題24	記憶	/		/		/	
問題25	複合	/		/		/	
問題26	記憶	/		/		/	
問題27	記憶	/		/		/	
問題28	複合	/		/		/	
問題29	複合	/		/		/	
問題30	記憶	/		/		/	
問題31	記憶	/		/		/	
問題32	記憶	/		/		/	

※ ▢▢▢▢ の問題に、絵はありません。

この本のご使用方法

○問題を切り取り、プリント形式にしてから問題に取り組んでください。あらかじめコピーを取っておく
　と復習する際に便利です。

○保護者の方が問題文を読み上げる、または見本を見せた後、お子さまが筆記用具または口頭で解答する
　形式で進行してください。

<難易度>
問題の難易度を☆の数で表しています。お子さまの理解度のめやすにしてください。

<筆記用具>
解答に記号（○・△など）をつける場合に使用します。色の指定がない場合は、赤または黒の筆記用具を
ご使用ください。

<準備>
通常は切り取ったイラストのみをご用意ください。そのほかの特別な準備が必要な時は、問題ごとに指示
があります。

<解答時間のめやす>
その問題に割り当てられるべき時間です。かなり短く感じますが、実際の試験を参考に設定しています。
できるだけ時間内に答えるようにしてください。

<解答>
問題の中には、解釈によっては正答が異なる場合もあります。
当問題集では一般的な解釈による解答を掲載しています。ただし、お子さまが別の解答をした場合でも、
保護者の方に納得のいく説明ができれば正解としてください。

<解答のポイント>
保護者の方がお子さまに指導する際の参考としてください。

① 複合（数量・常識）　　　難易度 ☆☆☆☆

〈問題〉①描いてある生きものの名前を全部、言ってください。
　　　②１番多いのはどれですか。〇をつけてください。
　　　③１番多い生きものは１番少ない生きものより何匹多いですか。右
　　　　下の四角にその数だけ、〇を書いてください。

〈筆記用具〉鉛筆

〈解答時間のめやす〉各１分

〈解答〉①カニ、アサリ、ヒトデ、ヤドカリ、イソギンチャク
　　　　②ヒトデ　③〇：５個

〈解答のポイント〉
　常識と数量の複合問題です。海の生物に限らず、動植物の知識は、
年齢相応のものを持っておきましょう。「これは〜という生きもの
で…」という説明なしで出題されることも多くあります。数量問題
としてみると、この問題のようなランダムに配置されたものを数え
る問題は入試でよく見かけるものです。同じ形のものを見つけ（同
図形探し）、それを数える（計数）という作業を同時並行で行うの
で、お子さまの現時点での能力が結果に表れやすいということでしょ
う。

② 数量（数を分ける）　　　難易度 ☆☆☆☆

〈問題〉柏餅、ケーキ、クッキー、せんべい、バナナ、ジュースがありま
　　　す。３人で同じ数ずつ分けるとすると、何をいくつずつに分けるこ
　　　とができますか。下のそれぞれの絵のところに、その数だけ〇を書
　　　いてください。また、余った数だけ△を書いてください。

〈筆記用具〉鉛筆

〈解答時間のめやす〉５分

〈解答〉柏餅（〇：４　△：０）、ケーキ（〇：１　△：１）
　　　　クッキー（〇：２　△：１）、せんべい（〇：２　△：０）
　　　　バナナ（〇：２　△：１）、ジュース（〇：１　△：１）

〈解答のポイント〉
　何かを分配したり、セットとして数える問題です。基本的には区別
が付きやすいもの、しかも生活の中で目にするものを題材にするこ
とが多いようです。というのは、ここでは割り算をしなさいと言っ
ているわけではなく、おかしとそれをもらう人をイメージしつつ、
結果としておかしがいくつ余るかを考えるというのが目的だからで
す。小学校受験の数量は数式を覚えるためのものではなく、何がい
くつになったという変化をイメージする練習、算数の前段階のもの
と考えてください。

3 複合（推理・数量）　　　　　　　　難易度 ☆ ☆ ☆ ☆

〈問題〉この問題の絵は縦に使ってください。
　　　　上の段の絵を見てください。○・△・□のロボットに上の数だけ、
　　　アメを入れると、アメが増えたり減ったりして出てきます。同じよ
　　　うに下の段のロボットにアメを入れるといくつになって出てきます
　　　か。出てくる数だけ、下の四角の中に○を書いてください。

〈筆記用具〉クーピーペン

〈解答時間のめやす〉１分

〈解答〉○のロボット：６　△のロボット：４　□のロボット：７

〈解答のポイント〉
　推理分野の「ブラックボックス」と数量の複合問題です。解き方と
しては、上の段の絵を見て、それぞれのロボットがアメの数をどう
変化させるかを考え、下の段の絵に当てはめて考えればよいわけで
す。ポイントは時間がかかってもよいので、お子さまにできるだけ
自分で解き方を考えさせるようにすることです。思考力を鍛えるよ
い機会として利用しましょう。

4 図形（点・線図形）　　　　　　　　難易度 ☆ ☆ ☆

〈問題〉左側の絵と同じ位置に、記号を書いてください。

〈筆記用具〉鉛筆

〈解答時間のめやす〉３分

〈解答〉省略

〈解答のポイント〉
　上から～番目、左から～番目の四角、という形で正確な座標に指定
された記号を書く、という意識で行えばそう難しい作業ではありま
せん。こうした正確さだけを要求される問題はほとんどのお子さま
が間違えないでしょう。美しい記号を書く必要はありませんが、誤
解されないようにはっきりとしっかりとした線で書きましょう。

5 図形（同図形探し）　　　　　　　　難易度 ☆ ☆ ☆

〈問題〉まさるくんときょうこちゃんは金魚すくいをしています。水槽の中
　　　と２人が持っているお皿には金魚がいます。
　　　①まさるくんがとった金魚と同じ模様の金魚を水槽の中から見つけ
　　　て、□をつけてください。
　　　②きょうこちゃんがとった金魚と同じ模様の金魚を水槽の中から見
　　　つけて、○をつけてください。

〈筆記用具〉クーピーペン

〈解答時間のめやす〉１分

〈解答〉下図参照

同図形探しの問題です。基本的な解き方は①見本の図形の特徴を把握する、②その「特徴」を選択肢の図形と照合して同じ図形かどうかを判断する、ということになります。ポイントは図形全体を照合するのではなく、特徴のある部分を照合するということです。ここで言えば、金魚全体でなく背中の模様だけで比較するというように、チェックする部分を限定しましょう。

〈解答のポイント〉
回転図形の問題です。回転したらどうなるのかが思い浮かばないのは才能がないのではなく、経験が足りないだけなのでショックを受ける必要はありません。わかりにくいようであれば、絵を切り抜いて90度ずつ回転させてみましょう。実物を使えば納得できるだけではなく、図形の変化をイメージする練習にもなります。

6 図形（回転図形） 難易度 ☆☆☆☆

〈問題〉この問題の絵は縦に使ってください。
　　　それぞれの四角の中にいる左のテントウムシが右のように向きを変えると、テントウムシの●はどうなるでしょうか。正しい場所の○を塗りつぶしてください。

〈筆記用具〉鉛筆

〈解答時間のめやす〉2分30秒

〈解答〉下図参照

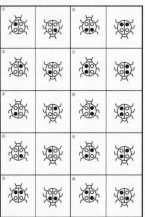

7 図形（対称・鏡図形） 難易度 ☆☆☆☆☆

〈問題〉この問題の絵は縦に使ってください。
　　　左の形は透明な紙に書かれていますが、黒く塗りつぶされている部分があります。この形を点線で矢印の方向に折りたたんだ時、黒い部分と重なった記号は見えなくなってしまいます。見える記号だけを右の四角のマス目に書いてください。

〈筆記用具〉鉛筆

〈解答時間のめやす〉3分

〈解答〉下図参照

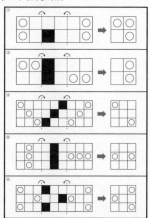

〈解答のポイント〉
記入式の重ね図形の問題です。当たり前のことですが、記入するにはその前にイメージする必要があります。すぐに重ねた図形が思い浮かばないようなら、図形を重ねた時に変化する部分とそうでない部分に切り分けて考えましょう。例えば2つとも何もない部分は重ねても変化ありませんし、どちらか黒く塗りつぶされていればその部分は（この問題では）透明になります。①考える②作業すると段階を分けた方が答えやすい問題と言えるでしょう。

⑧ 複合（推理・図形）　　　難易度 ☆☆☆☆☆

〈問題〉この問題のイラストは縦に使ってください。
　　　　左の形が■・◎・☆を通ると、右のようになって出てきます。では、下の左端の形がそれぞれの印を通ると、最後はどうなって出てきますか。○をつけましょう。2問続けて答えてください。

〈筆記用具〉鉛筆

〈解答時間のめやす〉3分

〈解答〉①真ん中　②真ん中

〈解答のポイント〉
このブラックボックスの問題は、よく出題される「1個が2個になる」といった単純なものではなく、図形の変化が問題になっています。しかも、図形が回転したり、鏡像になるといった複雑な変化をします。お子さまにとっては、お約束を理解するだけでもかなり難しいでしょう。残念ながら、こういった問題は着実に行うほかないので、1つずつの結果を忘れないように印をつけながら答えましょう。充分に時間的余裕はあるはずです。

⑨ 推理（シーソー）　　　難易度 ☆☆☆☆

〈問題〉○1つと●2つが釣り合っています。では、下の時、釣り合うものに、○をつけてください。

〈解答時間のめやす〉1分

〈解答〉①左端　②右から2番目　③左から2番目

〈解答のポイント〉
シーソーの問題ですが、置き換えの問題と考えることができます。○＝●●ですから、○を●に置き換えると、●が多い方にシーソーが傾くというだけの問題になるわけです。ただし、この置き換えという考え方、お子さまには難しいものです。小学校入試では数量や推理の問題、特に比較の問題で必要とされますが、すぐに理解できるようなものではありません。ここでも、必要ならヒントとして置き換えの考え方を説明してください。覚えるにしても入試直前で充分です。

⑩ 推理（比較）

〈**問題**〉同じ長さのひもにするには、どれとどれをつなげばできますか。線
でつなぎましょう。

〈**筆記用具**〉鉛筆

〈**解答時間のめやす**〉1分

〈**解答**〉下図参照

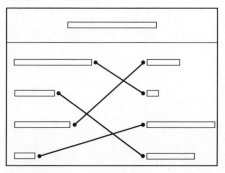

〈**解答のポイント**〉
推理分野、比較の問題です。推理問題のポイントは答えの理由を見
つけることです。見た目で比較するだけなら問題にならないはずで
すから、「〜だから〜となる」と理由を探してから答えるのです。
ここで気付きたいのは、「右の最長の棒と左の最短の棒を組み合わ
せないと、ほかのものを組み合わせた時に同じ長さにならない」と
いうことです。もちろんいきなり、こんな気付きはできませんか
ら、同じように推理分野の問題に取り組んで、「答えの理由」を考
えてみましょう。それが習慣になればこの分野のほとんどの問題に
対応できるようになるはずです。

⑪ 推理（迷路）

〈**問題**〉家族で魚釣りをしました。それぞれが釣った魚を点線に沿って線を
引いてください。お父さんは黒色、お母さんはオレンジ、お兄さん
は青、まりこさんは黄色のクレヨンで線を引いてください。

〈**筆記用具**〉クレヨン

〈**解答時間のめやす**〉2分

〈**解答**〉下図参照

〈**解答のポイント**〉
クレヨンの色など指示がやや複雑な以外は特に難しい点はありませ
ん。糸と糸が交差しているポイントに注意しながら慎重にたどって
みてください。こうした問題は、まず誰も間違えません。逆に言う
と間違えると、入試では合否を左右しかねないということになりま
す。確実に正解しておきましょう。

12 推理（系列）

〈問題〉さまざまな記号が、ある約束にしたがって順番に並んでいます。空いている四角に入る形はどれですか。○をつけてください。

〈筆記用具〉鉛筆

〈解答時間のめやす〉各30秒

〈解答〉①右端　②真ん中

〈解答のポイント〉
　系列の問題では、前後のパターンからどのような約束なのかを推理し、空いているところに当てはまる記号を考えていきます。①は「○△☆」、②は「○△☆△」です。まずは、こうした「お約束」を見つけられるようになりましょう。1番目の記号が2回目、3回目に出てくるところで、右隣の記号を見ると、約束が見つけやすくなります。慣れてくると2～4個のまとまりで見たり、直感で見つけたりできるようになるでしょう。

13 複合（巧緻性・座標）

〈問題〉①左の絵を見てください。カメの上にカメがのっています。上から3番目のカメを緑色の色鉛筆で塗ってください。また、下から2番目のカメを黄色の色鉛筆で塗ってください。
　　　　②右上の絵を見てください。幼稚園の庭で先生の方を見て「前へならえ」をしています。前から3番目の子どもの帽子を緑色の色鉛筆で塗ってください。また、後ろから2番目と3番目の子どもの帽子を黄色の色鉛筆で塗ってください。
　　　　③右下の絵を見てください。魚とタコが並んでいます。あなたから見て左から2番目の魚を好きな色の色鉛筆で塗ってください。またあなたから見て、右から3番目と5番目のタコを茶色の色鉛筆で塗ってください。

〈筆記用具〉色鉛筆

〈解答時間のめやす〉各30秒

〈解答〉省略

〈解答のポイント〉
　上下、左右、前後といった位置関係をしっかり把握してから作業を始めましょう。覚えきれないようであれば、説明を聞きながら指示されたポイントに印をつけてもかまいません。とにかく指示は正確に反映しましょう。ここで、注意したいのは、「左右」の指示です。「絵の人物から見て」という時には自分にとっての左右と逆になる場合があります。混乱しないように気を付けましょう。

14 制作

〈準備〉穴開け用パンチ・折り紙2枚（10cm四方くらいの大きさの折り紙・ヨットの帆にするもの）・のり・クレヨン（赤・青・茶色）・ひも（15cm）・

※問題14の絵の左上の〇部分にパンチで穴を開けておく

〈問題〉これからヨットを作ります。説明をよく聞いて同じになるように作ってください。

①折り紙を2枚とも△に折ります。

②船の部分を茶色のクレヨンで塗ってください。

③真ん中の棒を中心にして△に折った折り紙（帆）をのりで貼り付けます。

④太陽を赤のクレヨンで描いてください。

⑤海を青のクレヨンで描いてください。

⑥パンチで開けた穴にヒモを通してちょう結びにしてください。

〈解答時間のめやす〉20分

〈解答〉省略

〈解答のポイント〉

作業内容は特に難しくはありませんが、指示の多い制作問題を取り上げました。このような問題がなぜ出題されるかというと、制作問題の観点は「指示を理解して、それを実行できるか」ということだからです。道具の使い方、マナーといった部分は年齢相応のものであれば問題視されません。また、出来具合はそれなりのものであれば、それでよしとしてください。こだわる必要はまったくありません。

15 常識（季節）

〈問題〉花の名前を言ってください。咲いているのを見たことがありますか。それはどこでしたか。お話してください。

〈筆記用具〉なし

〈解答時間のめやす〉5分

〈解答〉左上：チューリップ　右上：ナノハナ
　　　　左下：タンポポ　右下：スミレ

〈解答のポイント〉

身近な動植物に対しては年齢相応の知識を持っておきましょう。動物の場合は、卵から産まれるもの、卵の形、子ども（幼生）時代の特徴、生息場所。植物の場合は、花の名前、種や葉の形、実が育つ場所など。深く知る必要はありませんが、基本的なことは整理しておけば試験で慌てずにすみます。また、図鑑や映像資料などを使って覚えることが多いと思いますが、その際には、「知る・覚える・理解する」だけでなく、特徴的な部分に注目して「区別できる」ようにしてください。写真を使った出題では、区別できないことがお子さまには多いのです。

16 常識（生活・マナー）　難易度 ☆☆☆

〈問題〉絵を見てください。いけないことをしているお友だちがいます。そのお友だちについて説明してください。

〈筆記用具〉なし

〈解答時間のめやす〉2分

〈解答〉省略

〈解答のポイント〉
生活やマナーに関する出題は、お子さまの知識というよりは、どのような躾をされてきたか、ひいてはどのような家庭環境なのかを知りたいという意図があります。こういった問題に関する対策はとりにくいのは確かですが、出題範囲はお子さまの経験したと思われる状況での知識やマナーです。お子さまがそういった「学びの機会」に気付いていなければ、保護者の方は、「これは〜というもの」「こういう時は〜する」と気付かせてあげましょう。

17 常識（理科）　難易度 ☆☆☆☆

〈準備〉あらかじめ、左の絵を点線に沿って4枚の絵に切り離しておく。

〈問題〉①（切り取った4枚の絵を渡して）これらはあるお花が咲くまでの様子を描いたものです。「種」から始めてお花が咲くまでを順番に左から並べてください。
②今並べたカードのお花の名前がわかりますか。言ってください。
③（もう1つの切り取った絵を見せて）下の絵を見てください。このお花はいつ咲きますか。上の絵の中から選んで〇をつけてください。
④このお花に色鉛筆できれいに色を塗ってください。

〈筆記用具〉鉛筆、色鉛筆

〈解答時間のめやす〉2分

〈解答〉①左下（タネ）→右上→左上（つぼみ）→右下（開花）
②アサガオ　③右（早朝）　④省略

〈解答のポイント〉
①は「時間の流れ」の問題です。理科的常識、中でも動植物の成長の様子を順番に並べさせるものが多いようです。③は「季節」の問題ですが、花の咲く時期、野菜の収穫時期、季節の行事など、知っていないと答えられないものが多いので、年齢相応の知識は持っておきましょう。生活環境の違いでなかなか目にしない動植物、季節の行事などはメディアを利用して知識を得てください。

18 常識（マナー） 難易度☆☆☆☆

〈問題〉絵を見てよくないことをしている人に○をつけてください。

〈筆記用具〉鉛筆

〈解答時間のめやす〉1分

〈解答〉下記参照

〈解答のポイント〉
小学校入試でマナー、特に交通マナーに関する出題が多いのは入学すれば公共交通機関を利用する機会が多いからでしょう。マナーに関しては年齢相応というよりは、「他人に迷惑をかけない」という考え方ができているかというレベルで判断されます。しっかりとしたものを学んでおいてください。

19 常識（理科） 難易度☆☆☆☆

〈問題〉①鍋に氷の入った水を入れて、火にかけます。最後にはどうなるでしょうか。正しい絵に、○をつけてください。
②左の絵のようにコップに水を入れ、その中に氷を入れました。氷が全部とけるとどうなるでしょうか。正しい絵に、○をつけてください。
③左の絵ような入れ物に水を入れて、凍らせました。どうなりますか。正しい絵に、○をつけてください。
④コップの向こう側に男の子がいます。男の子はどのように見えますか。正しい絵に、○をつけてください。

〈筆記用具〉鉛筆

〈解答時間のめやす〉1分

〈解答〉下図参照

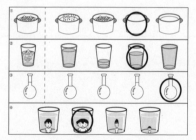

〈解答のポイント〉
生活の中で見られる現象からの理科的知識を問う問題です。光の屈折や水の蒸発など、身の周りの現象から出題されます。原理的なところはわからなくてかまいません。知りたいのはお子さまがそれを経験するような生活をしているかということですから、保護者の方は経験の機会を設けるようにすればよいのです。

20 言語（お話作り）　難易度 ☆ ☆ ☆

〈問題〉絵の中のものを使って、お話を作ってください。

〈解答時間のめやす〉3分

〈解答〉省略

〈解答のポイント〉
お話作りに必要なものは、「語彙」「創造性」「常識」といったところでしょうか。小学校入試は面白い話を作る人を探すためのものではないので、年齢相応の知識・才能があれば充分ということです。どんな突飛な内容でも、聞いている人が理解できれば問題ありません。保護者の方も「何を話しているのかわかればよい」程度の認識でお子さまのお話を聞いてください。

21 言語（お話作り）　難易度 ☆ ☆ ☆ ☆

〈問題〉絵を見ながらお話を作ってください。どの絵を何枚使ってもかまいません。

〈解答時間のめやす〉2分

〈解答〉省略

〈解答のポイント〉
お話作りに必要なものは前問の通りですが、この問題のように生活で経験しそうなことが絵にしてある場合は、その体験があった方がお話が作りやすいのは確かでしょう。全くの想像でお話を作れるお子さまもいるでしょうが、多くのお子さまは出題された絵と自分の体験を重ね合わせてお話を作るからです。

22 言語（しりとり・頭音つなぎ）　難易度 ☆ ☆ ☆ ☆ ☆

〈問題〉①絵がつながるように、しりとりをしていきましょう。記号の書かれた四角の中に当てはまる絵を、下の四角の中から見つけて、それぞれの四角の中に書かれた記号をつけてください。
②左の絵のものの名前を、右の絵のはじめの音をつなげて作ります。左の絵と右の絵を線でつないでください。

〈筆記用具〉鉛筆

〈解答時間のめやす〉各2分

〈解答〉下図参照

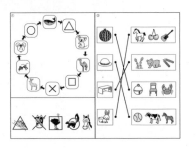

〈解答のポイント〉

①は円状に絵が並べられたしりとり問題です。見かけは複雑そうですが内容的にはそれほど難しいものではありません。どこから始めてもよいので、当てはまるものを正確に選んでいきましょう。解答記号に気を付けてください。②の頭音つなぎもシンプルな問題です。言葉が「音」のつながりでできていることを理解できていると、スムーズに答えられるでしょう。

23 言 語 (言 葉 の 音)　　　　　　難 易 度 ☆ ☆ ☆ ☆ ☆

〈問題〉 ○の中にさまざまなものの絵があります。矢印の付いている「カサ」から始め、「サ」という音のつくものを線でつなげていってください。縦か横にしか進めません。できるだけ長くつながるようにしてください。

〈筆記用具〉 鉛筆

〈解答時間のめやす〉 5分

〈解答〉 カサ→サンリンシャ→サツマイモ→サンタクロース→サメ→サクラ →ウサギ→サイ→サル→サザエ→ハサミ→ミキサーシャ

〈解答のポイント〉

学校によってはこのように「ミキサー車」という言葉まで出題されます。なかなか生活では使わない言葉かもしれません。志望校の過去問などを見て、こういった出題例があれば、それなりの対策をとっておきましょう。言葉カードなどの知育玩具を利用してもよいですし、読み聞かせの時にそこで使われた言葉を覚えるでもよいでしょう。ただし、覚える時は必ずお子さまにその言葉を言わせるようにしてください。声に出すことによって、その言葉の音も認識できるようになります。

24 記 憶 (見 る 記 憶)　　　　　　難 易 度 ☆ ☆ ☆ ☆ ☆

〈準備〉 あらかじめ問題24の絵を点線で切り分けておく。

〈問題〉 （☆の絵を見せて）この絵をよく見て覚えてください。（15秒見せて伏せ、★の絵を見せる）さっきの絵にあったものに○をつけてください。

〈筆記用具〉 鉛筆

〈解答時間のめやす〉 1分

〈解答〉 下図参照

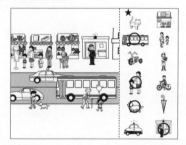

〈解答のポイント〉

「見る記憶」の問題には、ランダムに置かれたものを見て記憶する形式の出題や、本問のように1つの風景の中にあるものを記憶する形式の出題があります。いずれの場合でも、限られた時間の中で、全体に目を通す必要があります。しかし端からていねいに見ながら覚えようとすると、いくら時間があっても足りません。はじめから細部を確認しようとするのではなく、まず全体像をつかみましょう。具体的にはまず、何がいくつあるということを確認し、それぞれの位置関係を確かめ、その後それぞれの名称や特徴を把握するということになります。

25 複合（記憶・言語）　　　　　難易度 ☆☆☆

〈準備〉あらかじめ問題25の絵を中央の点線に沿って切り、分けておく。
　　　　ハサミ

〈問題〉この問題の絵は縦に使ってください。
　　　　（「☆」の絵を見せて）この絵をよくみてください。
　　　①あなたはこの絵の動物たちと同じようなことをして遊んだことが
　　　　ありますか。その時のことを話してください。
　　　②（☆の絵を伏せて「★」の絵を見せる）さっきの絵の中の動物た
　　　　ちはそれぞれ手に何を持っていましたか。正しいと思うものを線
　　　　で結んでください
　　　③「せんこう花火」のように1番はじめに「せ」のつく言葉を5つ
　　　　言ってください。

〈筆記用具〉鉛筆

〈解答時間のめやす〉各30秒

〈解答〉省略

〈解答のポイント〉
①③は言語の問題です。①については内容が理解できれば正解とし
てください。②のように見る記憶の中でも、細部についてたずねる
問題が時折出題されることがあります。あまり先入観を持つのはよ
いことではありませんが、こうした問題の絵は登場人物があった
り、背景がこみいっていることが多いようです。「見る記憶」の問
題が過去に出題されている入試で、そのような絵を手渡されたな
ら、注意して観察しておくようにしましょう。

26 記憶（お話の記憶）　　　　　難易度 ☆☆☆☆

〈問題〉今夜は十五夜です。きれいなお月さまが空に出ています。お母さん
　　　　はお団子を作り、お月見の用意をしています。ぼくとお兄さんは野
　　　　原に行ってお月見に必要なものを採ってきて、花瓶に入れました。

　　　①野原で採って花瓶に入れたものは何でしょうか。
　　　②お父さんとお母さんは2個、ぼくとお兄さんが4個、お姉さんが
　　　　3個食べました。それぞれのお皿に食べた数の分だけ、お皿の上
　　　　に○を書いてください。
　　　③1番下のお月様の形を何と言いますか。左から順に言ってくださ
　　　　い。

〈筆記用具〉鉛筆

〈解答時間のめやす〉①30秒　②2分　③1分

〈解答〉①ススキ　②下記参照　③満月、半月、三日月

〈解答のポイント〉
記憶の問題というよりは、季節の常識について聞いた問題です。小学校受験では、お月見が秋の行事としてまだまだ出題されているのですが、幼稚園の行事としてはともかく、行わない家庭も最近多くなっているのではないでしょうか。時代や環境の変化が激しい現代ではこのようなギャップは常識問題に限らず、どのような分野でも生まれるでしょう。保護者の方は、お子さまが困らないように知る機会を設けてください。直接体験が難しければ、映像でも構いません。

27 記憶（お話の記憶）

難易度 ☆☆☆

〈問題〉お話をよく聞いて後の質問に答えてください。
　　　　公園では、たろう君とたけし君がジャングルジムで遊んでいました。マリちゃんはブランコに乗って遊んでいましたが、お友だちのけい子ちゃんがきたので、シーソーで遊ぶことにしました。そこへケンちゃんがやってきました。ケンちゃんが「みんなで原っぱへ行こうよ」と言うので、みんなで原っぱに行きました。原っぱに着くと、ケンちゃんがゴロッと石を動かしました。すると、コオロギが３匹、ピョンピョンと、とび出しました。「わー」とみんなは驚きました。「ほかにも、きっとたくさんの虫がいるよ」とケンちゃんが言いました。すると、マリちゃんの足元からバッタが１匹、ピョンととび出しました。「いた。いた」とみんなは大騒ぎです。空にはトンボも飛んでいました。

　　　　①上の段の絵を見てください。たろう君とたけし君が遊んでいたものに○、マリちゃんとけいこちゃんが２人で遊んでいたものに△をつけてください。
　　　　②下の段の絵を見てください。ケンちゃんたちが見た虫に○をつけてください。
　　　　③このお話の続きはどうなると思いますか。お話してください。

〈筆記用具〉鉛筆

〈解答時間のめやす〉①②各30秒　③１分

〈解答〉①○：ジャングルジム、△：シーソー　②○：コオロギ、トンボ
　　　　③省略

〈解答のポイント〉
　お話の記憶としては短文ですが、遊び道具や虫などたくさんのもの
が早いテンポで登場します。集中して聞いていないと聞き逃してし
まうことになりますので、注意しましょう。虫についてはよく知ら
ないだろうという意図があるのかどうかわかりませんが、女子小学
校入試でこういった話が出題されることが多いようです。虫が苦手
というお子さまでも、絵を見て何かがわかるぐらいには知識を持っ
ておきましょう。

28 複合（常識・推理）　　　　　難易度 ☆☆☆☆

〈筆記用具〉鉛筆

〈問題〉○の中に描かれている鳥と同じ影を見つけ、線で結んでください。

〈解答時間のめやす〉1分

〈解答〉下図参照

〈解答のポイント〉
　影絵になっている鳥を推測するので推理との複合問題としていますが、「ハト」「スズメ」「カラス」といったところは日常よく見る鳥なので、簡単に答えがわかるでしょう。それ以外の鳥はあまり日常で見つけることはありませんが、「タカ」「フクロウ」も残った選択肢の影から推測すれば答えることはできるはずです。ここでは知らないものをどのうように推測するかということを学んでおきましょう。

29 複合（巧緻性・数量）　　　　　難易度 ☆☆☆☆

〈問題〉①絵を見てください。子どもたちが持っているのは「ちとせあめ」です。左の絵の点線になっている部分を鉛筆でなぞってください。
　　　　②ちとせあめの袋の中には飴が5本入っています。それをお父さん、お母さん、あなたの3人に同じ本数になるように配ると何本足りないですか。

〈筆記用具〉鉛筆

〈解答時間のめやす〉各30秒

〈解答〉①省略　②1本

〈解答のポイント〉

①は巧緻性の問題です。特に解説の必要はないでしょう。着実に行ってください。②は暗算してから答えますがそれほど難しい問題ではありません。わかりにくいようであれば5本のちとせあめを3人に配るという場面をイメージしてください。試験までには、指折り数えることなく、イメージで数のたしひきができるようにしてください。

〈解答のポイント〉

全体→部分という観察の流れはここでも同じです。「動物が何匹いるのか」→「どんな動物がいるのか」→「何をしていたか」→「ほかに何があるか」といった形になります。②では画面から見切れているウシがいるので注意してください。また、できればですが、ウシ3頭ぐらいは一目で数がわかるようにしておきましょう。指折り数えていると、時間が足りなくなります。

30 記 憶 (見 る 記 憶)　　　　難易度 ☆ ☆ ☆ ☆ ☆

〈問題〉この絵をよく見て覚えてください。

（絵を30秒間見せた後、絵を伏せる）

①今見た絵の中で、何の花が咲いていましたか。言ってください。

②ウシは全部で何頭いましたか。言ってください。

③リスは何をしていましたか。言ってください。

④ほかに、どんな動物がいて、どのような様子でしたか。お話してください。

〈筆記用具〉なし

〈解答時間のめやす〉各30秒

〈解答〉①サクラ、チューリップ、タンポポ

②3頭

③木の実を食べている

④省略

31 記 憶 （ お 話 の 記 憶 ）　　　　　難易度 ☆ ★ ☆ ☆ ☆

〈問題〉この問題の絵は縦に使ってください。

お話をよく聞いて後の質問に答えてください。

今日、仲良しのサル君、キツネ君、クマ君、ネコさんとカワウソさんが、隣町にある遊園地に遊びに行きます。みんなはリュックサックにお弁当とおやつを入れて、クマ君の家に集まりました。遊園地は、クマ君の家からバスで30分ぐらいのところにあります。バスの中でみんながお行儀よく座っていると、いっしょに乗っていたウシのおばあさんが、「みんな、いい子にしていてエライね」とみんなを褒めてくれました。遊園地の近くのバス停でバスを降りると、みんなは歩いて遊園地に向かいました。道のわきには田植えが終わったばかりの田んぼが広がり、カエルの鳴き声が聞こえています。遊園地に着くと、みんなは入園券を買って遊園地に入りました。「最初にコーヒーカップ乗ろうよ！」とキツネ君が言うと、みんなも「そうしよう！」と言いました。2人乗りのコーヒーカップにクマ君とネコさん、3人乗りのコーヒーカップに残りの3人が乗り、みんなでカップを回しながら楽しく乗ることができました。「次はスピードの速いゴーカートに乗りたいな」とサル君が言うと、ネコさんとカワウソさんは「私たちは怖いから見ているわ」と言いました。クマ君が「じゃあ、みんなで乗れるジェットコースターにしようか？」と言うと、みんなも「それがいい」と言って、みんなでジェットコースターに乗りました。ジェットコースターから降りると、みんなは噴水広場でお弁当を食べました。サル君とクマ君はおにぎりを3つ、キツネ君とネコさんは三角のおにぎりを2つ、カワウソさんは丸いおにぎりを2つ食べました。おやつも食べておなかがいっぱいになると、サル君が「さあ、これからもたくさん遊ぶぞ！」「まずはお化け屋敷に行こう！」と言い、みんなはお化け屋敷に向かいました。お化け屋敷の前まで来ると、ネコさんとカワウソさんは「なんだかとても怖そうね」と互いに顔を見合わせていました。2人もがんばって中に入りましたが、入ったとたんに飛んできたコウモリに驚かされ、ネコさんとカワウソさんは怖くて

歩けなくなってしまいました。2人はサル君、キツネ君、クマ君に手を引いてもらいながら、何とかお化け屋敷を出ることができました。お化け屋敷の後、観覧車とメリーゴーランドに乗った5人は、出口の売店でソフトクリームを食べてから、それぞれの家に帰りました。

①サル君とクマ君が2人で食べたおにぎりの数だけ○を書いてください。
②このお話の季節はいつですか。同じ季節のものに○をつけてください。
③お話に出てこなかった動物に○をつけてください。
④ウシのおばあさんに褒められたクマ君はどのような表情になったでしょう。1つ選んで○をつけてください。
⑤ジェットコースターに乗ろうと言った人に○をつけてください。

〈筆記用具〉鉛筆

〈解答時間のめやす〉各30秒

〈解答〉①○：6　②アジサイ　③タヌキ　④右端　⑤クマ

〈解答のポイント〉

お話の記憶の問題のお話としては比較的長文です。こうした問題は「『誰が』『何を』『〜した』といったお話のポイントを押さえる」「お話の場面を想像しながら聞く」といった基本が守られていないと、スムーズに答えるのが難しくなります。お話を丸暗記するわけにはいきませんから、1枚の絵のように場面をイメージしてみましょう。慣れてくると、登場人物のキャラクターもわかってきます。ここで言えば冒険好きのサルくん、ネコさんとカワウソさんはちょっと臆病といった感じです。キャラクターがわかれば、何を言って、どのようにするかも頭に入りやすくなり、話の展開も頭に入りやすくなるのです。

32 記憶（お話の記憶）　難易度 ☆☆☆☆

〈問題〉お話をよく聞いて後の質問に答えてください。

　　　今日はひなまつりです。ゆみこさんとあけみさんは、ともこさん
　　の家に遊びにいきました。ともこさんのお部屋には、かわいいお
　　ひな様が飾ってありました。3人はおひな様の前に並んで座った
　　り、おひな様を見ながらおやつを食べました。歌を歌ったり、お
　　しゃべりをしたり、とても楽しいひなまつりでした。帰りには、
　　ゆみこさんとあけみさんは、ともこさんのお母さんからおみやげ
　　に袋に入ったひなあられをもらいました。

　　①今日は何の日でしたか。言ってください。
　　②3人はお部屋で何をしましたか。お話してください。
　　③ともこさんのお部屋に飾ってあったのは何でしたか。○をつけ
　　　てください。
　　④ゆみこさんとあけみさんがともこさんのお母さんからもらった
　　　おみやげは何でしたか。△をつけてください。
　　⑤おみやげをもらったゆみこさんとあけみさんは、ともこさんの
　　　お母さんに何と言えばよいと思いますか。言ってください。

〈筆記用具〉鉛筆

〈解答時間のめやす〉各30秒

〈解答〉①ひなまつり
　　　　②おやつを食べたり、歌を歌ったり、おしゃべりをした
　　　　③ひな人形　④ひなあられ　⑤「ありがとうございます」

〈解答のポイント〉
　季節の行事（ひなまつり）にちなんだお話の記憶の問題です。お話自体
は短く、登場人物も少ないので覚えやすいでしょう。特にお話を聞く上
での工夫も必要ないかと思います。問題はひな祭りの知識を聞かれてい
る点です。共学校でもひな祭りや端午の節句について出題されるたこと
があるので、行事の意味と何を行うのかぐらいは知っておいた方が無難
でしょう。注意したいのは地方による細かな違いです。季節の行事は地
方によって時期や詳細が異なっていることがありますが、試験ではスタ
ンダードなものを答えてください。自分の家や地方ではそうなっている
ので、というのは通用しません。

◯問題集ワンポイントアドバイス

①アドバイスを読んでから問題を始めると効果的!

②イラストページはミシン目で切り離して使いましょう!

②

③

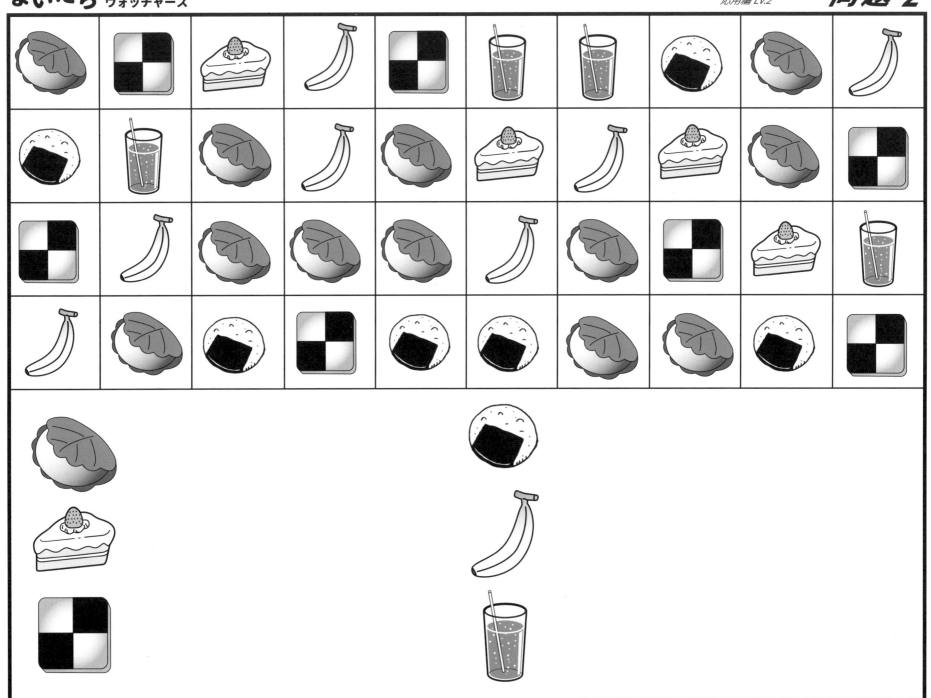

日本学習図書株式会社

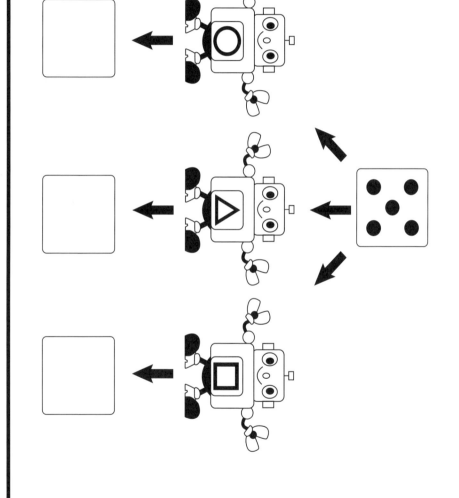

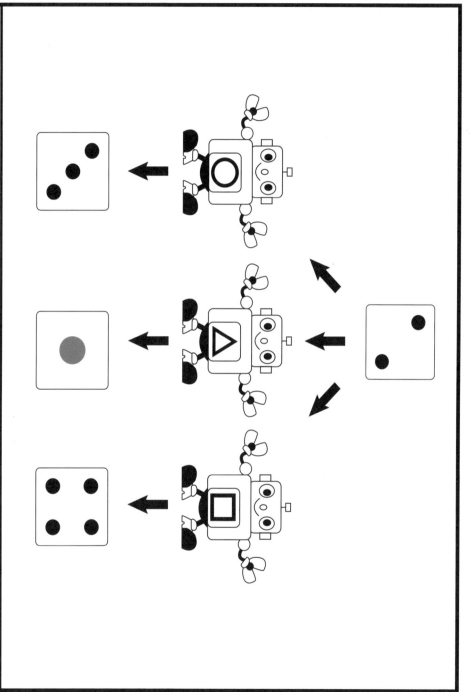

日本学習図書株式会社

問題 6

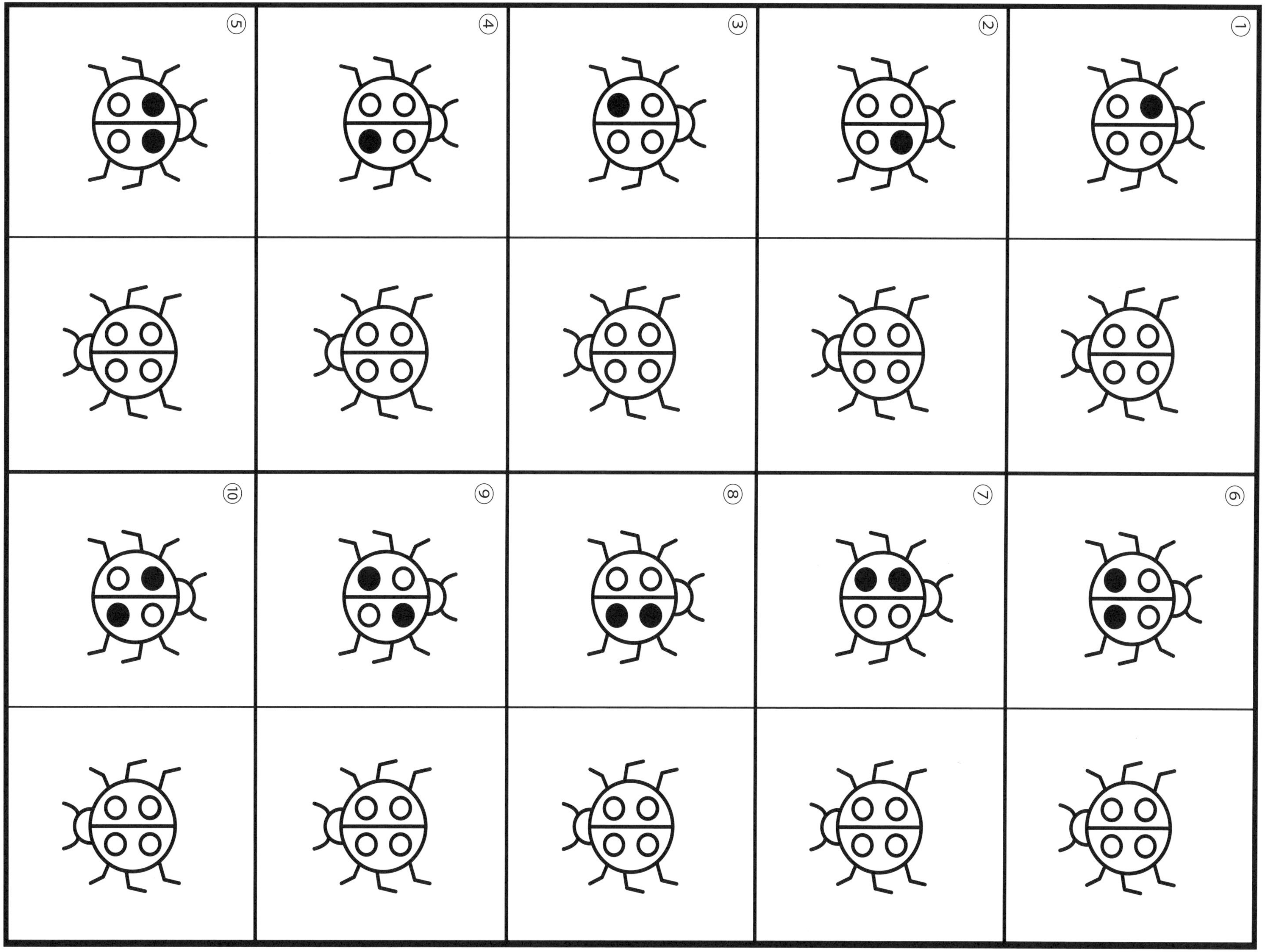

日本学習図書株式会社

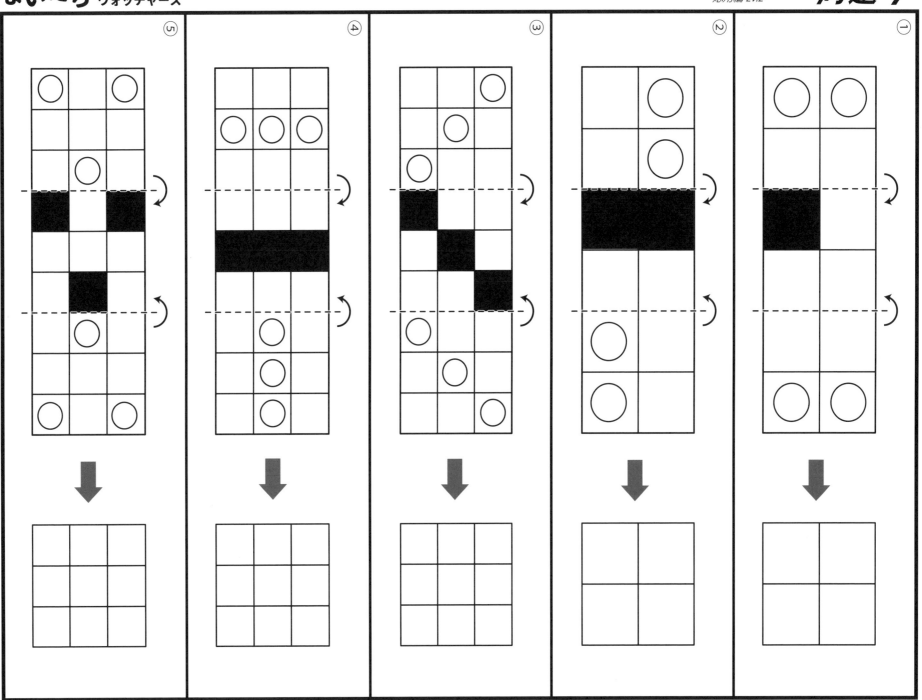

日本学習図書株式会社

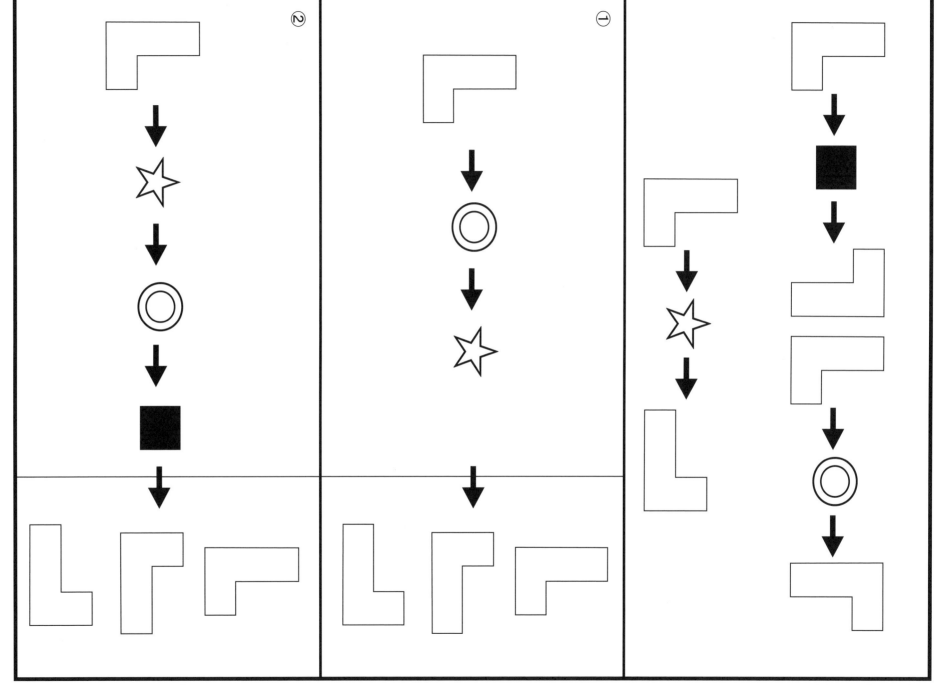

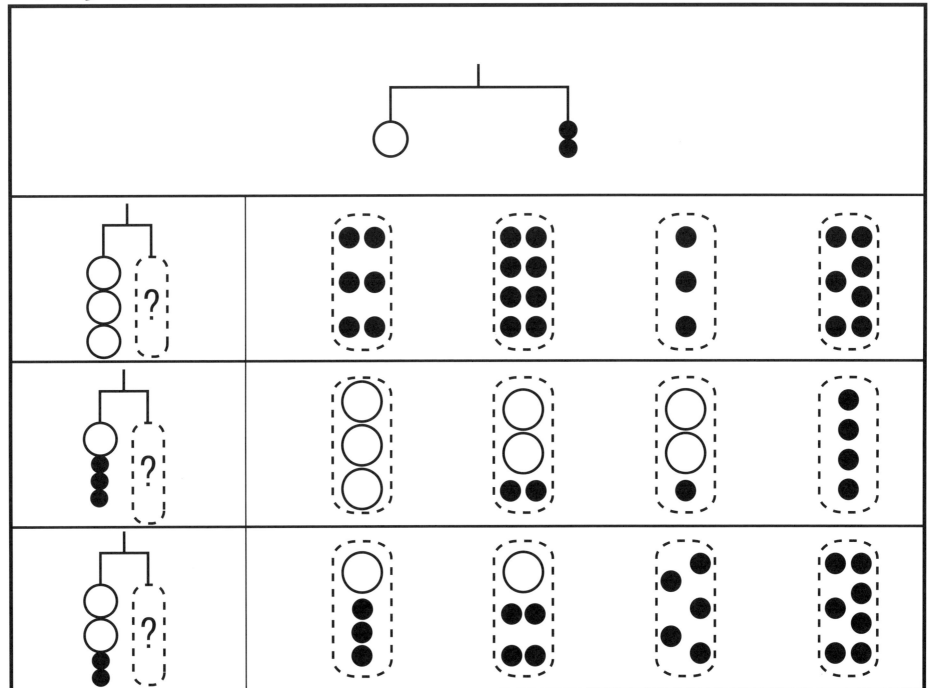

日本学習図書株式会社

①

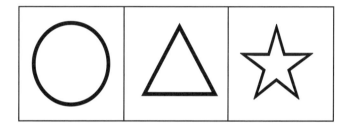

②

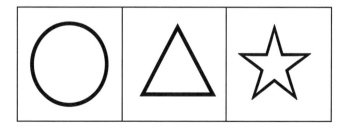

日本学習図書株式会社

日本学習図書株式会社

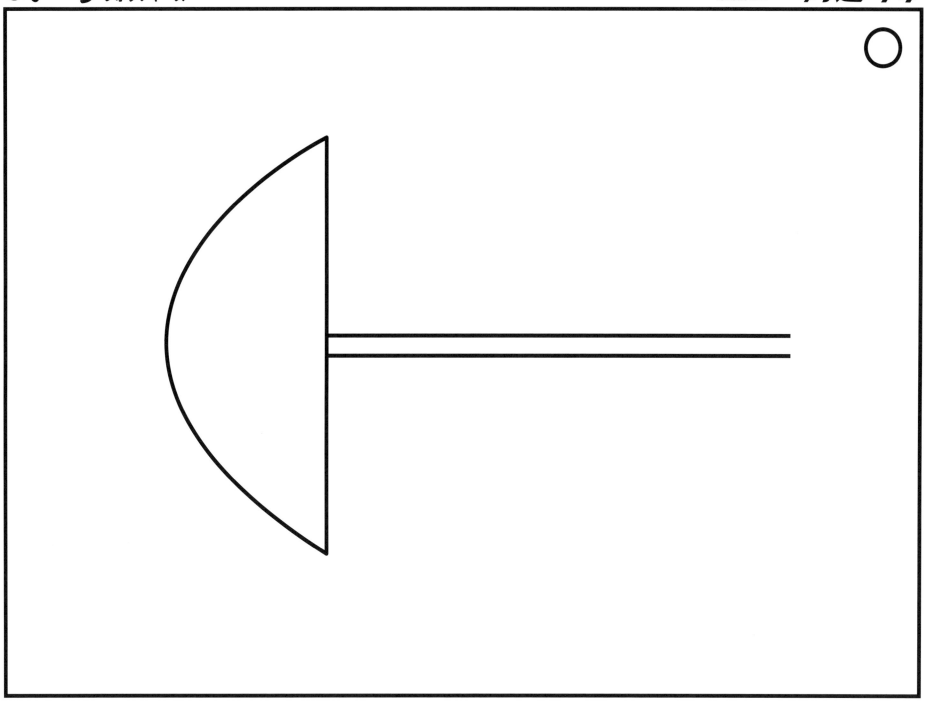

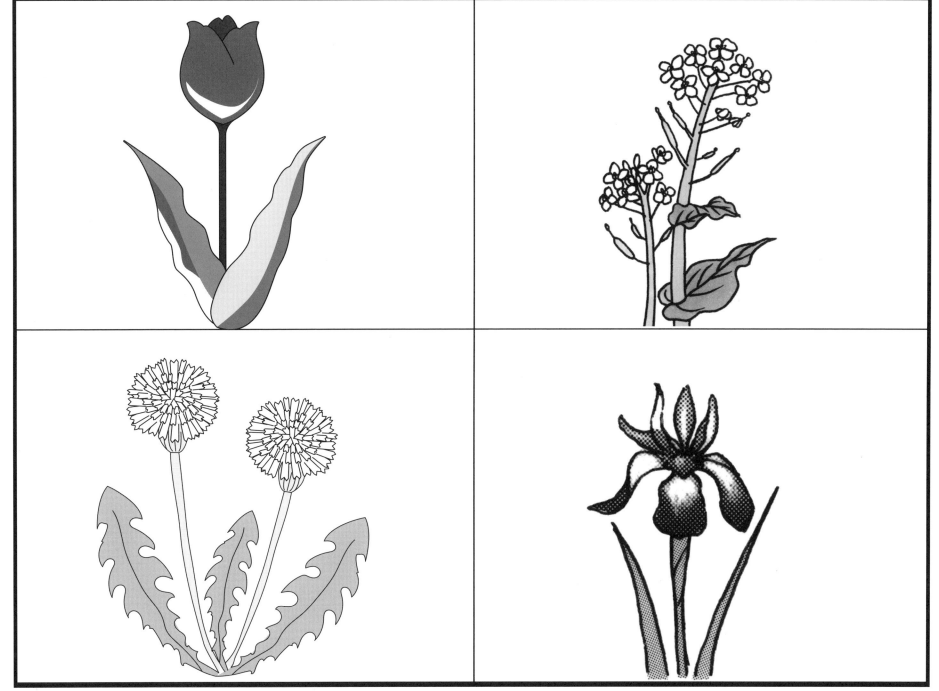

日本学習図書株式会社

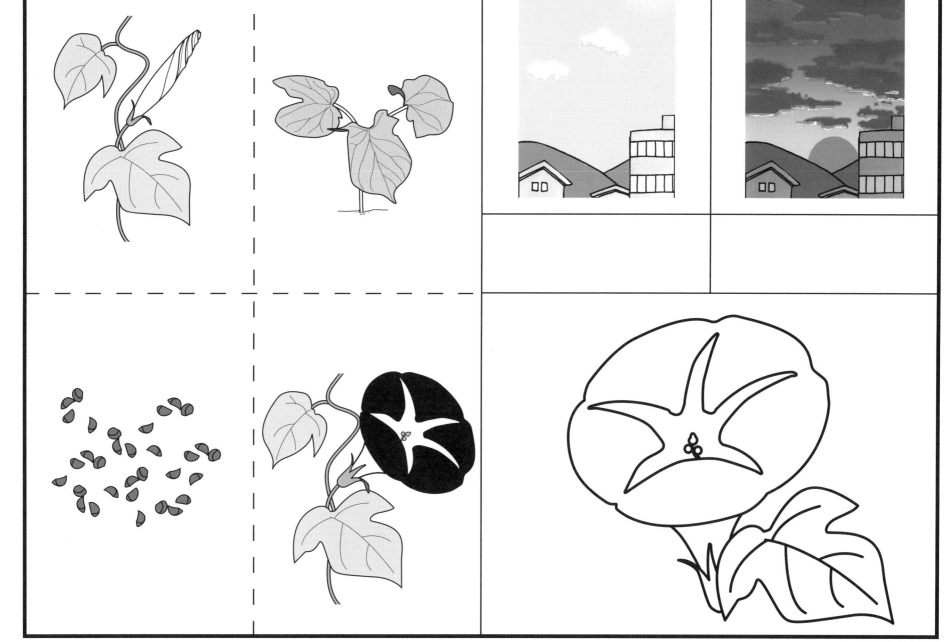

①

②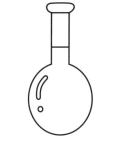

③

④

日本学習図書株式会社

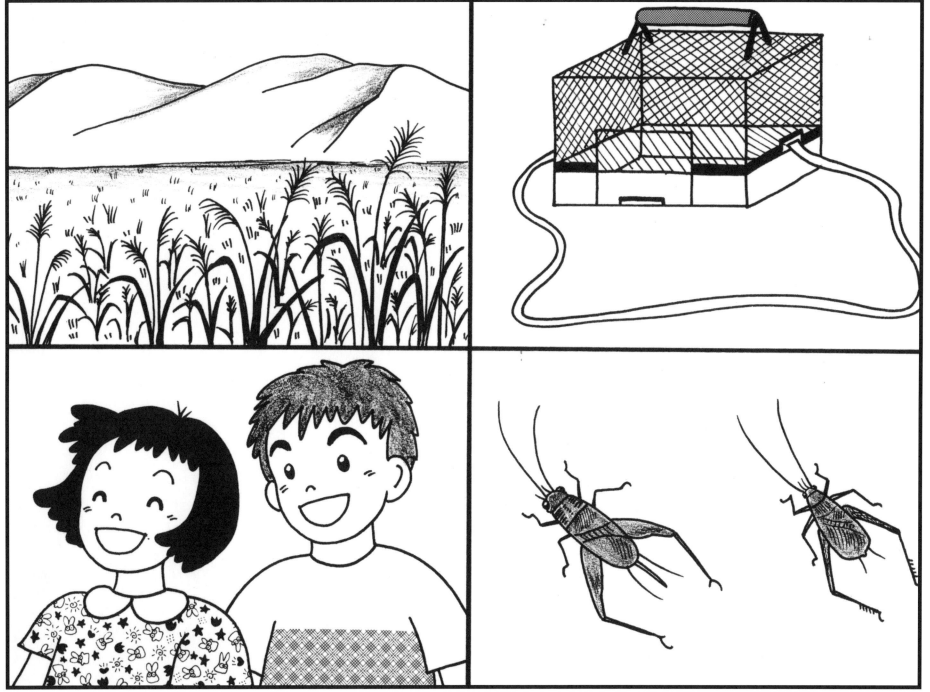

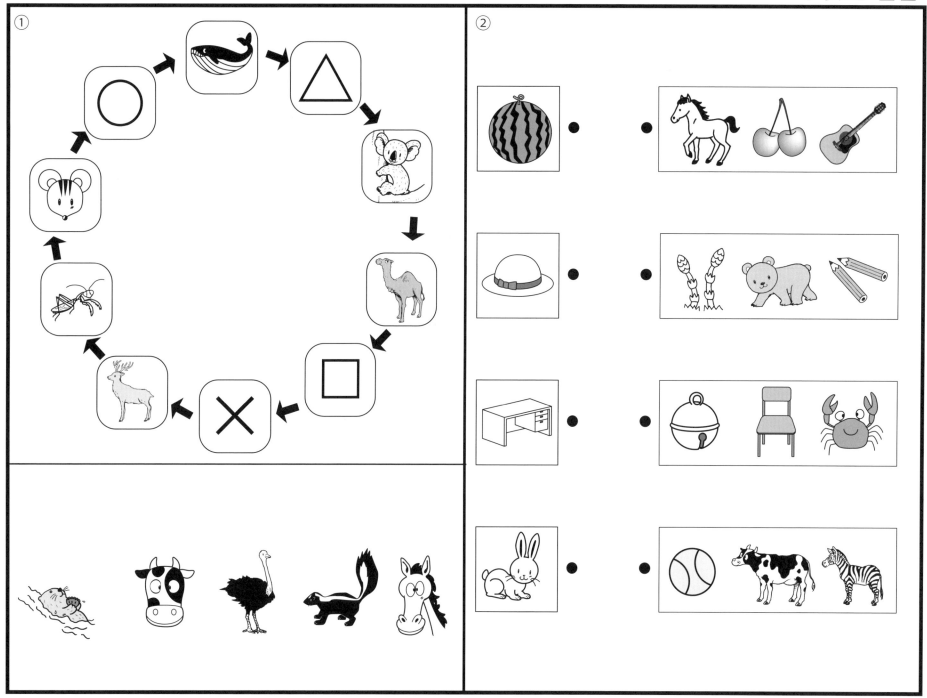

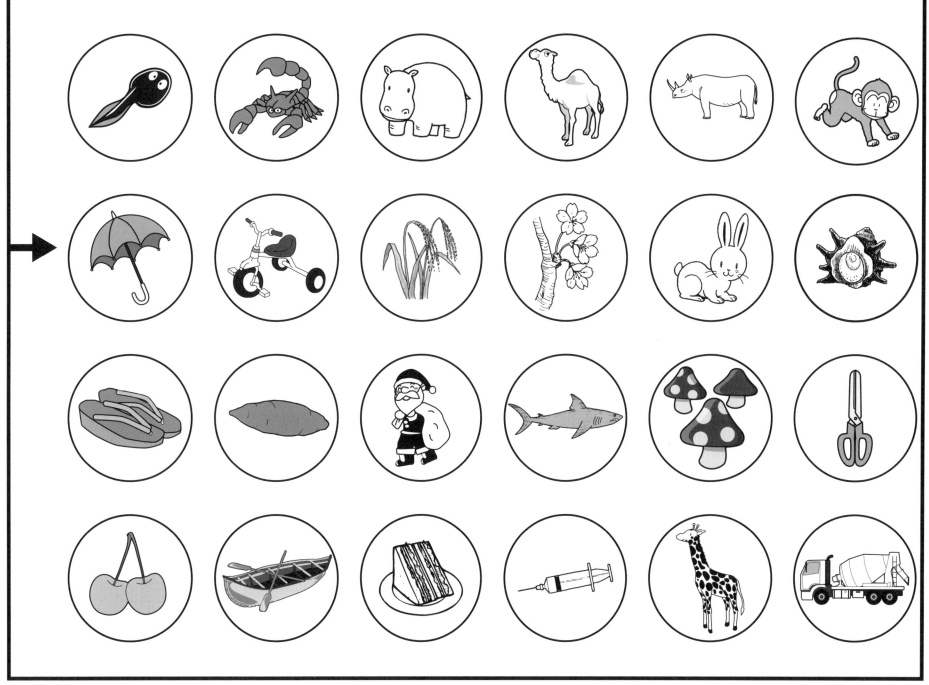

まいにち ウォッチャーズ

段階別ドリル
応用編 Lv.2

問題 24

日本学習図書株式会社

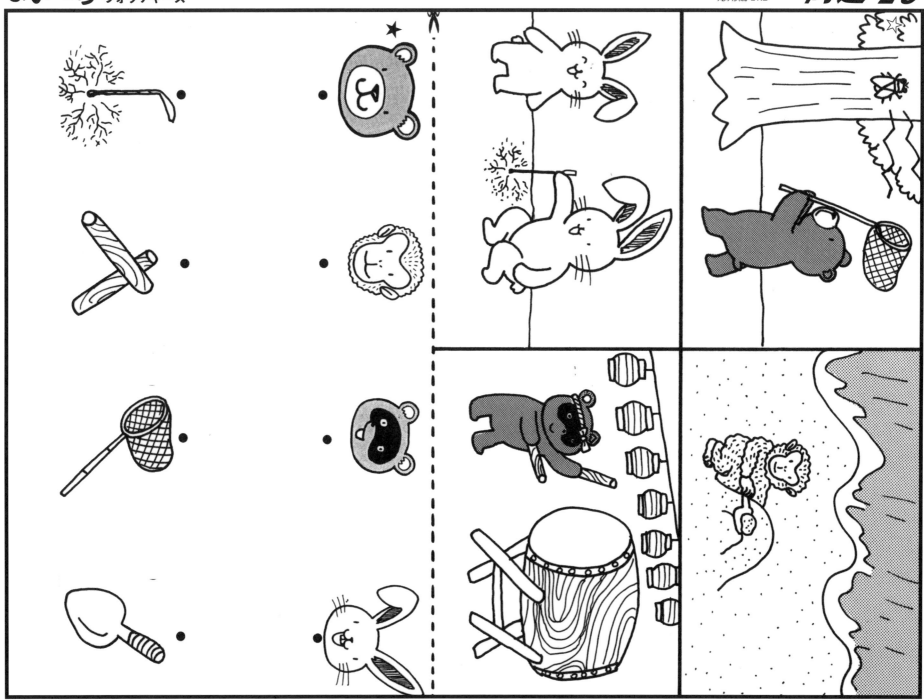

日本学習図書株式会社

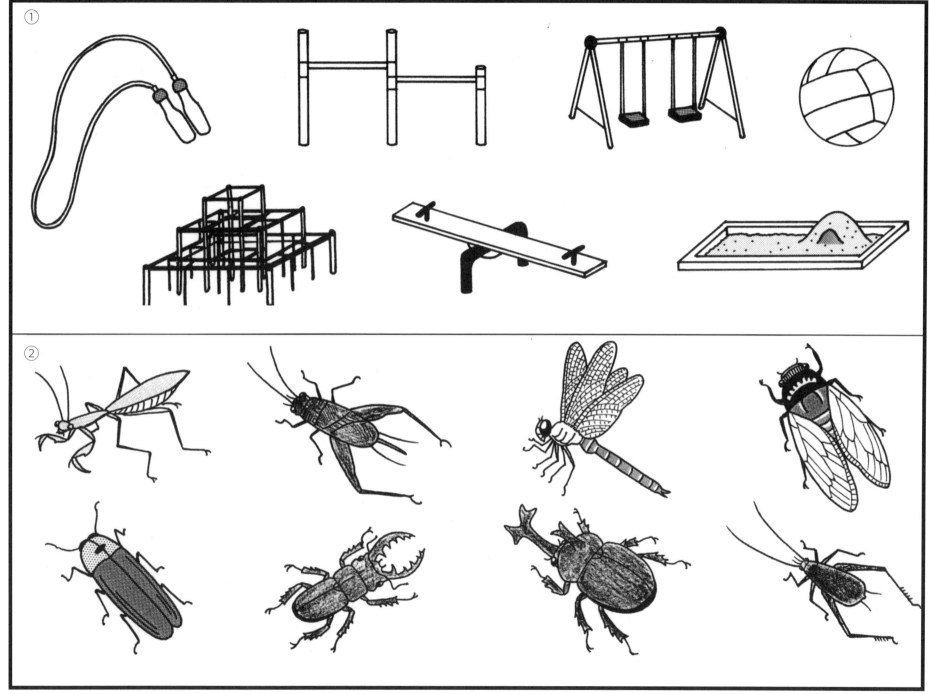

日本学習図書株式会社

日本学習図書株式会社

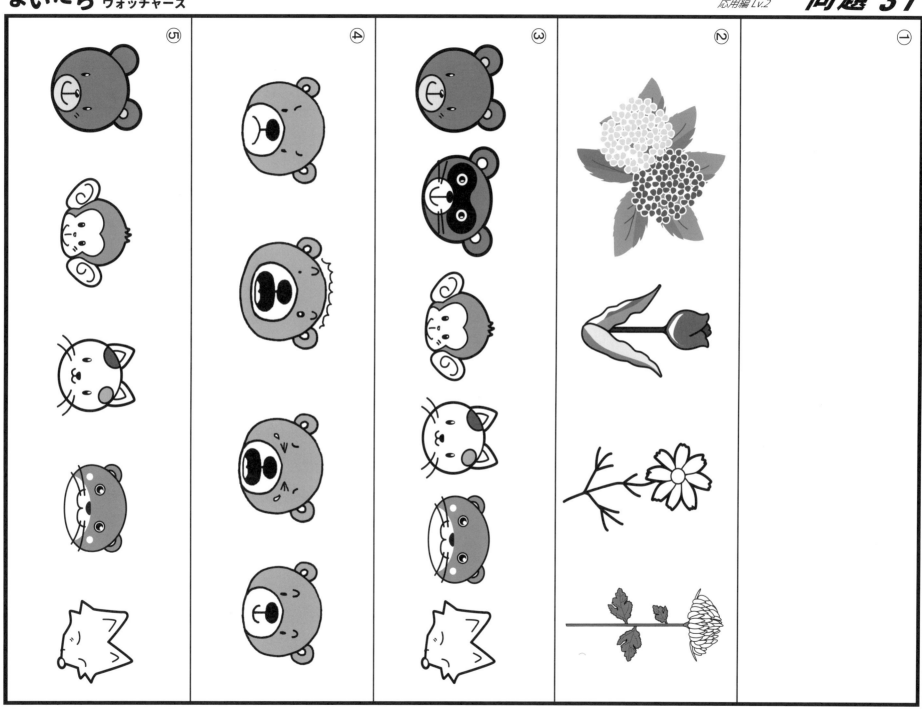

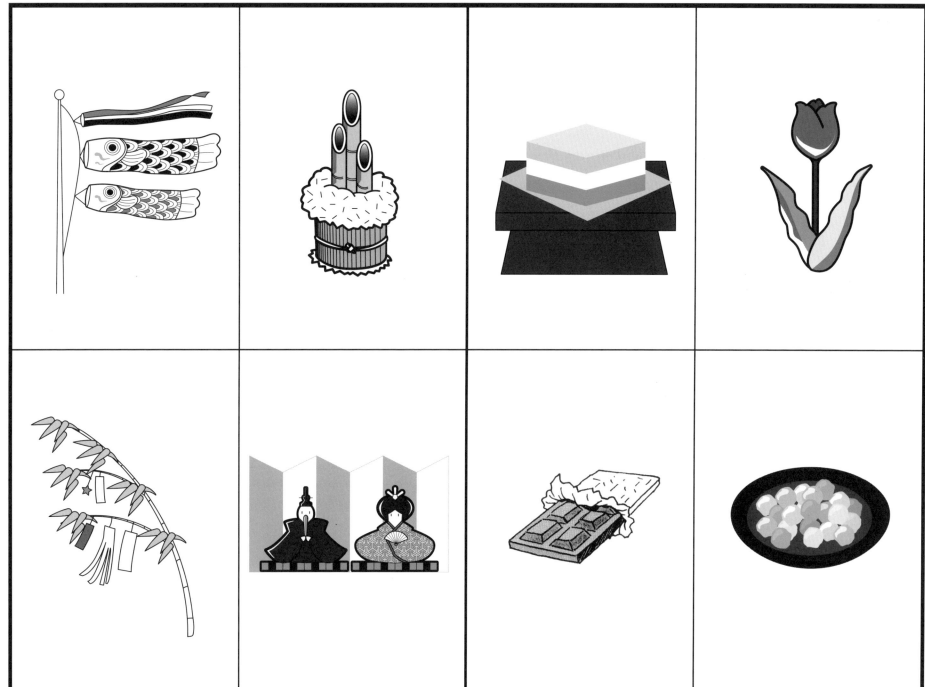